物語のある動物の刺繍
Chicchi

26の図案と、布小物の仕立て方つき

日本ヴォーグ社

CONTENTS

LIFE STYLE ライフスタイル

- p.06 GARDEN　ガーデン How to make >> p.50
- p.08 FLOWER WREATH　お花のリース How to make >> p.52
- p.09 SEWING ARRANGEMENT　仕立てアレンジ01
       お花の巾着バッグ How to make >> p.76
- p.10 KITCHEN　キッチン How to make >> p.53
- p.12 SEWING ARRANGEMENT　仕立てアレンジ02
       ランチマット How to make >> p.78
- p.13 COFFEE　コーヒー How to make >> p.55
- p.14 COOKING　クッキング How to make >> p.56
- p.15 FASHION　ファッション How to make >> p.57
- p.16 HANDICRAFT　手芸 How to make >> p.58
- p.17 RELAXATION TIME　くつろぎ時間 How to make >> p.55, 59
- p.18 FLOWER AND BIRD PATTERN　花と鳥の模様 How to make >> p.60

SEASON シーズン

- p.20 SPRING DAY　ある春の日 How to make >> p.61
- p.21 SEWING ARRANGEMENT　仕立てアレンジ03
       星のがま口 How to make >> p.80
- p.22 IN THE SEA　海の中 How to make >> p.62
- p.23 MARINE STYLE　マリンスタイル How to make >> p.63
- p.24 SUNFLOWER　ヒマワリ How to make >> p.64
- p.25 SEWING ARRANGEMENT　仕立てアレンジ04
       夏のブローチ How to make >> p.84

p.26　CIRCUS　サーカス How to make >> p.65
p.27　AUTUMNAL TINTS　秋色 How to make >> p.66
p.28　HALLOWEEN　ハロウィン How to make >> p.67
p.29　CHRISTMAS　クリスマス How to make >> p.68
p.30　SNOW DAY　雪の日 How to make >> p.69

WORLD　ワールド

p.32　AMERICAN CAR　アメリカ車 How to make >> p.70
p.33　AMERICANIZE　アメリカナイズ How to make >> p.71
p.34　SOLDIER MARCH　兵隊の行進 How to make >> p.55, 72
p.35　LONDON CHECK　ロンドンチェック How to make >> p.73
p.36　FRANCE PATTERN　フランス模様 How to make >> p.74
p.37　SWISS ALPS　スイスアルプス How to make >> p.75
p.38　SEWING ARRANGEMENT　仕立てアレンジ05
　　　ヤギとお花の巾着 How to make >> p.86

HOW TO MAKE　作り方

p.40　MATERIALS & TOOLS　材料と用具
p.42　BASIC STITCH　基礎ステッチ
p.48　HOW TO EMBROIDER　刺繍の仕方

この本に関するご質問は、
お電話またはWebで

書名／物語のある 動物の刺繍
本のコード／NV70530　担当／山中
TEL：03-3383-0765（平日13：00～17：00受付）
https://book.nihonvogue.co.jp/
※サイト内（お問い合わせ）からお入りください（終日受付）

＊本誌に掲載の作品を、複製して販売（店頭、ネットオークション等）することは禁止されています。手づくりを楽しむためにのみご利用ください。

STITCHES この本に登場するステッチ

Straight stitch
ストレートステッチ
>> p.42

Running stitch
ランニングステッチ
>> p.42

Outline stitch
アウトラインステッチ
>> p.42

Wrapping outline stitch
巻きつけアウトラインステッチ
>> p.42

Back stitch
バックステッチ
>> p.43

Couching stitch
コーチングステッチ
>> p.43

Satin stitch
サテンステッチ
>> p.43

Long and short stitch
ロングアンドショートステッチ
>> p.43

French knot stitch
フレンチノットステッチ
>> p.44

German knot stitch
ジャーマンノットステッチ
>> p.44

Cable stitch
ケーブルステッチ
>> p.44

Bullion stitch
バリオンステッチ
>> p.45

Chain stitch
チェーンステッチ
>> p.45

Fly stitch
フライステッチ
>> p.45

Blanket stitch
ブランケットステッチ
>> p.46

Lazy daisy stitch
レイジーデイジーステッチ
>> p.46

Smyrna stitch
スミルナステッチ
>> p.46

Seed stitch
シードステッチ
>> p.47

Basket filling stitch
バスケットフィリングステッチ
>> p.47

Spider web rose stitch
スパイダーウェブローズステッチ
>> p.47

LIFE STYLE

ライフスタイル

GARDEN
ガーデン

How to make >> p.50

休日の朝は、早起きしてお庭のお手入れ
芽が出たり、花が咲いたりするのを
じっくり楽しんでいるところ。
お気に入りの動物とお花を選んで、
ワンポイントで刺繍しても◎

FLOWER WREATH
お花のリース
How to make >> p.52

ビオラ、クローバーなど、
馴染み深いお花の詰まったリース。
ハリネズミのトゲトゲは、
3色の刺繍糸を順に重ねて刺します。

SEWING ARRANGEMENT

仕立てアレンジ01

お花の巾着バッグ

お花のリースの図案を使った、
巾着のバッグ。
可愛いモチーフで、
お出かけの気分も上がります♪

How to make >> p.76

KITCHEN

キッチン

How to make >> p.53

キッチンから、ふわっといい香り。
何やら朝ごはんの支度中。
待ちきれずに食べちゃうシマリスと、
まだまだ眠いウサギに注目!

チワワ、ビーグル、トイプードルと、
今日の朝ごはんのワンポイント刺繍。
ポーチやハンカチに
ちょこっと刺してアレンジを。
How to make >> p.54

SEWING ARRANGEMENT

仕立てアレンジ02

ランチマット

毎日のランチタイムも、
可愛い動物と一緒に。
お客様へのおもてなしにも◎

How to make >> p.78

COFFEE
コーヒー
How to make >> p.55

コーヒーの花と実と豆、そしてオニオオハシの連続模様。
図案はブレンドしても、ストレートでも。好きな刺し方でお楽しみください。

COOKING
クッキング
How to make >> p.56

- hot cake
- short cake
- chocolate cake
- cookie
- macaron

パティシエキリンのクッキング時間。
今日は何を作ろうかな。
甘いスイーツは、1つ刺すだけで可愛い雰囲気に。

FaSHION

ファッション
How to make >> p.57

おでかけ前の、クローゼット。
パーティは、準備が一番楽しい！
あれこれじっくり悩んでいます。

HANDICRAFT
手芸
How to make >> p.58

昼下がりのおうち時間は、
のんびり趣味の刺繍を。
チクチク無心になって刺します。

RELAXATION TIME
くつろぎ時間
How to make >> p.55, 59

ふかふかのクッションの上で、くつろぎタイム。
ラグは、スミルナステッチで表現しています。

FLOWER AND
BIRD PATTERN
花と鳥の模様
How to make >> p.60

4色の刺繍糸で刺す、花と鳥の連続模様。
淡い色合いで、ふんわりした雰囲気に。

SEASON

シーズン

SPRING DAY
ある春の日
How to make >> p.61

ぽかぽかいいお天気の、ある春の日の朝。
外で日向ぼっこする動物たちの、
和やかな日常をそのままお届け。

SEWING ARRANGEMENT

仕立てアレンジ03

星のがま口

ちょっとしたお買いものに使いたい、
星形のがま口。
リネンの布にお気に入りの
動物を刺して、仕立てます。

How to make >> p.80

IN THE SEA
海の中
How to make ~ p.62

夏と言えば、海！
あっつい夏休みはクーラーのきいた部屋で、
チクチク海の動物たちの刺繍をしましょう。

MARINE STYLE
マリンスタイル
How to make >> p.63

カモメ、ペンギン、カワウソ、シロクマが、
みんなでお揃いのマリンスタイルに。
舵や錨と一緒に、Tシャツに刺繍したい。

SUNFLOWER
ヒマワリ
How to make >> p.64

麦わら帽子とヒマワリと、
ウサギとハリネズミの夏。
帽子は、バスケットステッチを
交互に刺して、うめています。

SEWING ARRANGEMENT

仕立てアレンジ04

夏のブローチ
How to make >> p.84

カバンやポーチ、ワンピースなど、どこにでもつけられる動物ブローチ。
フェルトとブローチピンだけで、簡単に作れます。

AUTUMNAL TINTS

秋色
How to make >> p.66

キツネとゴジュウカラとウリボーの秋。
深い色の布に刺すと、より秋らしい雰囲気に。

HALLOWEEN
ハロウィン
How to make >> p.67

森の主、ミミズクとハロウィンの夜。
コウモリの飛び交う深い森で、
ひとたび楽しい夜の始まり。

CHRISTMAS
クリスマス
How to make >> p.68

エゾリス、トナカイ、ロバの、
クリスマス刺繍。
1つずつ刺して、ツリーの
オーナメントにしても◎

SNOW DaY
雪の日
How to make >> p.69

雪がチラチラ降ってきた日。
クリスマスローズも雪の結晶も、
冬ならではの素敵な図案。

WORLD
ワールド

AMERICAN CAR
アメリカ車
How to make >> p.70

クマとハクトウワシの、愉快なドライブ。
刺繍糸もステッチの種類も少なく、
初めて刺繍をする人にオススメ！

AMERICANIZE

アメリカナイズ
How to make >> p.71

アメリカの世界観をそのままに。
ニューヨークの州花のバラにアメリカンフード。
シティの真ん中には自由の女神…
ではなく皇帝ペンギンの赤ちゃん！

SOLDIER MARCH
兵隊の行進
How to make >> p.55, 72

足並み揃えて行進する、ビーグルの兵隊たち。
ファブリックパネルに仕立てて、お部屋に飾りたい。

LONDON CHECK

ロンドンチェック
How to make >> p.73

ロンドンチェックを身にまといバスを待つ、
オオハクチョウ、ハムスター、ライオン。
イギリスのオシャレな日常の1コマ。

FRANCE PATTERN
フランス模様
How to make >> p.74

エッフェル塔をモチーフにしたラインに、
お花のスカーフを巻いたニワトリとブタ、ヤグルマソウの並んだ模様。
クラシカルな雰囲気で、フランスを表現しています。

SWISS ALPS
スイスアルプス
How to make >> p.75

スイスの国旗である十字の中に、
ヤギの親子とアルプスの自然を。
お花は右から、シラタマソウ、トロリウス、
エーデルワイスが並びます。

SEWING ARRANGEMENT

仕立てアレンジ05

ヤギとお花の巾着

スイスアルプスの図案の枠を直線に配置。
同じ図案でも配置が違うだけで、
ガラッと雰囲気が変わります。

How to make >> p.86

HOW TO MAKE

作り方

MATERIALS & TOOLS

材料と用具

MATERIALS 材料

A リネン布 ＊素材提供：ファブリックバード
刺繍をするための布。

B 刺繍糸（25番刺繍糸） ＊素材提供：DMC
刺繍をする糸。細い糸6本がゆるくより合わさっているので、必要な本数を1本ずつ引きそろえて使う。

TOOLS 用具

C 刺繍針
刺繍をするための針。糸を通す穴が細長いのが特徴。糸を何本どりにするかによって、針の号数を使い分ける。

D 糸切りバサミ
刺繍糸をカットするときに使用。

E 刺繍枠
布をピンと張って刺すための丸枠。

F 手芸用複写紙
布と図案の間に挟んで上からなぞると、布に図案が写る。

G トレーシングペーパー
シャープペンシルで、本に掲載されている図案を写す。

H セロファン
布に図案を写すときに、図案の上にのせる。直接なぞると図案がやぶれてしまうのを防ぐ。

I まち針
布に図案を写すとき、ずれないように固定する。

J マスキングテープ
トレーシングペーパーに図案を写すとき、ずれないように固定する。

K トレーサー
図案を写すときに使用。インク切れのボールペンでも代用可能。

L チャコペンシル
消えかけた図案を書き直したり、印をつけ足す際に使用。

M シャープペンシル
トレーシングペーパーに図案を写すときに使用。

N 裁ちバサミ
布をカットするときに使用。

BASIC STITCH

基礎ステッチ

 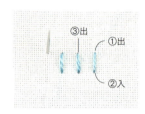

Straight stitch
ストレートステッチ

1. 裏側から針を出して、直線上に入れる。その隣から針を出して、1本目と平行に入れる。これを繰り返す。

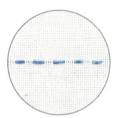 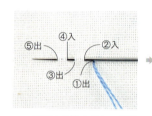 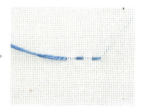

Running stitch
ランニングステッチ

1. 裏側から針を出し、等間隔に針を出し入れする。
2. 糸を引く。

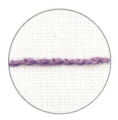 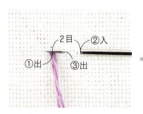  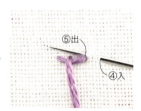

Outline stitch
アウトラインステッチ

1. 裏側から針を出し、2目分進んだ位置に針を入れ、1目分戻った位置に出す。
2. 糸を引く。
3. 2目分進んだ位置に針を入れ、1目分戻った位置から針を出す。糸を引く。これを繰り返す。

 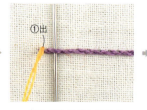 

Wrapping outline stitch
巻きつけ
アウトラインステッチ

1. アウトラインステッチをする。
2. 新たな糸を通した針を、1の左上端から出す。1のステッチに、下から針を通す。
3. 糸を引く。1のステッチに次の目に、下から針を通す。これを繰り返す。

Back stitch
バックステッチ

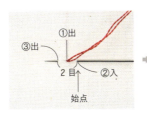

1 図案の始点より1目先に針を出し、1目分戻った位置に針を入れ、2目分先に出す。

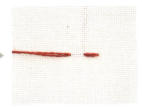

2 糸を引く。

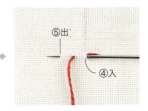

3 1目分戻っては、2目分先に出し、糸を引く。これを繰り返す。

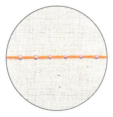

Couching stitch
コーチングステッチ

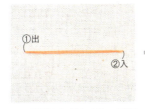

1 裏側から針を出し、図案に沿わせて糸を置いて、針を入れる。

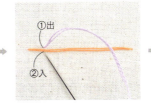

2 新たな糸を通した針を、1の糸をまたぐようにして針を出し入れする。

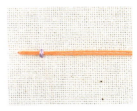

3 等間隔に針を出し入れして、1の糸を固定する。

Satin stitch
サテンステッチ

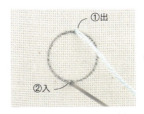

1 図案の中央上部から針を出し、真下に入れる。

2 入れたところ。

3 糸を平行に並べるように針を出し入れする。左半分を刺し終えたら中央上部に戻り、右半分もうめる。

Long and short stitch
ロング＆
ショートステッチ

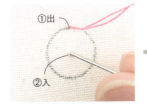

1 図案の中央上部から針を出し、中心に入れる。

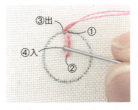

2 ①のすぐ隣から針を出し、②より少し短い位置に針を入れる。

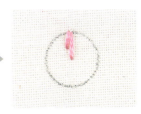

3 長い、短いを繰り返す。

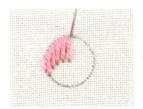

4 左半分を刺し終えたら中央上部に戻り、右半分を刺す。

5 上部がうまったら、上部の短い部分の下から針を出し、真下に入れる。

6 次は上部の長い部分の下から針を出し、真下に入れる。上段の針目の隙間を埋めるように刺す。

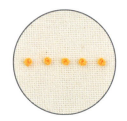

French knot stitch
フレンチノットステッチ
（2回巻き）

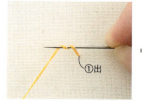

1 裏側から針を出し、針に2回糸を巻きつける（3回巻きの場合、3回巻きつける）。

2 巻いた糸を引っぱりながら、①の際に針を入れる。

3 入れたところ。

German knot stitch
ジャーマンノットステッチ

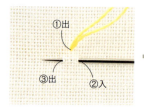

1 裏側から針を出し、斜め右下に針を入れ、①が中心になるように、②と平行に針を出す。

2 糸をゆっくり引く。

3 糸に針をくぐらせる。

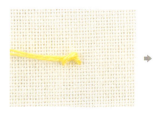

4 糸をゆっくり引く。

5 ③と同じ糸に針をくぐらせ、④で引いた糸をかける。

6 糸をゆっくり引く。

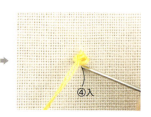

7 際に針を入れる。

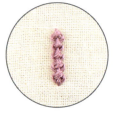

Cable stitch
ケーブルステッチ

1 ジャーマンノットステッチ①〜⑥と同様にする。

2 斜め右下に針を入れ、①が中心になるように、①と平行に針を出す。

3 糸をゆっくり引く。

4 ②でわたした糸に針をくぐらせる。

5 糸をゆっくり引く。

6 ④と同じ糸に針をくぐらせ、⑤で引いた糸をかける。

7 糸をゆっくり引く。②〜⑥を繰り返す。

Bullion stitch
バリオンステッチ

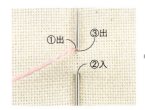

1 裏側から針を出し、間隔をあけて針を入れ、①の際に出す。

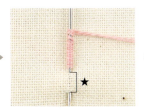

2 針に糸を、指定の回数巻きつける。基本、間隔★より長めに（1〜2回多めに）巻く。

3 巻いた糸を指でおさえて、針を抜く。

4 糸を上向きにしっかり引いて、余分なゆるみを引きしめる。

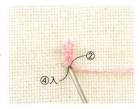

5 糸を下向きに引いて、ステッチの形を整える。②と同じ位置に針を入れる。

Chain stitch
チェーンステッチ

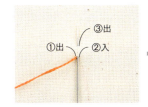

1 裏側から針を出し、同じ位置に針を入れ、間隔をあけて針を出す。

2 針に糸をかける。

3 糸を引く。

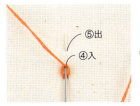

4 針を出した位置に再び針を入れ、間隔をあけて針を出す。

5 針に糸をかける。

6 糸を引く。これを繰り返す。

Fly stitch
フライ ステッチ

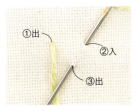

1 裏側から針を出し、間隔をあけて針を入れ、①と②の中心下部に出す。①で出した糸を③で出した針にかけて、糸を引く。

2 ③の真下に針を入れる。

3 入れたところ。

45

 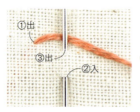  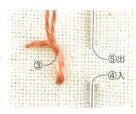

Blanket stitch
ブランケットステッチ

1 裏側から針を出し、右斜め下に針を入れ、上の①と平行になる位置に針を出す。

2 ①で出した糸を③で出した針にかけて、糸を引く。

3 右斜め下に針を入れ、③と平行になる位置に針を出す。③で出した糸を⑤で出した針にかけて、糸を引く。これを繰り返す。

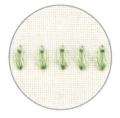 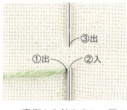  

Lazy daisy stitch
レイジーデイジーステッチ

1 裏側から針を出し、同じ位置に針を入れ、間隔をあけて針を出す。

2 針に糸をかける。

3 糸を引く。ループの際に針を入れる。

 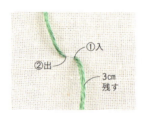  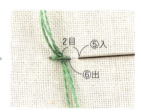

Smyrna stitch
スミルナステッチ

1 表側から針を入れ、間隔をあけて針を出す。糸端は3cm残す。

2 2目分進んだ位置に針を入れ、1目分戻った位置に出す。

3 糸を引く。2目分進んだ位置に針を入れ、1目分戻った位置に出す。

 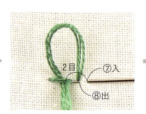  

4 糸を引く。このとき糸を引ききらず、ループを作る。

5 2目分進んだ位置に針を入れ、1目分戻った位置に出す。

6 糸を最後まで引ききる。

7 2目分進んだ位置に針を入れ、1目分戻った位置に出す。糸を引ききらず、ループを作る。

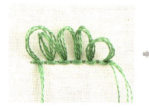   

8 5〜7を繰り返す。最後は6の状態で終えて、糸を3cm残してカットする。

9 図案の内側をうめるように、8を数列分刺す。

10 ハサミで、ループを1つずつカットする。

11 カットしたところ。ハサミでカットして、長さを整える。

Seed stitch
シードステッチ

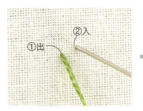

1 裏側から針を出し、間隔をあけて針を入れる。

2 裏側の適当な位置から針を出し、①-②と間隔を揃えて、針を入れる。

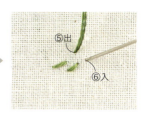

3 図案内がうまるまで、表に出る糸の長さを揃えて、ランダムに針を出し入れする。

Basket filling stitch
バスケットフィリングステッチ

1 裏側から針を出し、図案の幅分の間隔をあけて針を入れる。針を出し入れして、平行に糸をわたす。

2 新たな糸を通した針を、裏側から出す。①でわたした糸に、1本おきに通す。

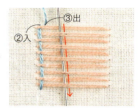

3 上側の横糸の際に、針を入れる。すぐ隣から針を出し、②の糸と互い違いになるように1本おきに通す。これを繰り返す。

Spider web rose stitch
スパイダーウェブ
ローズステッチ

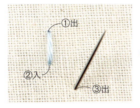

1 裏側から針を出し、間隔をあけて下に入れる。右斜め下から針を出す。

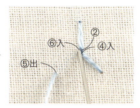

2 ②の際に針を入れる（④）。左斜め下から針を出し（⑤）、②の際に入れる（⑥）。

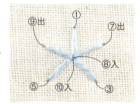

3 ①と③の間の位置から針を出し（⑦）、中心に入れる（⑧）。①と⑤の間の位置から針を出し（⑨）、中心に入れる（⑩）。

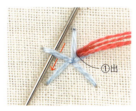

4 新たな糸を針に通し、中心の際から針を出す。1本とばして、わたしてある糸に針を通す。

5 1本とばして、わたしてある糸に針を通す。

6 1本とばして、わたしてある糸に針を通す。糸を中心側に寄せたところ。

7 同様にして、わたしてある糸に針を通していく。わたしている糸が見えなくなったら、際に針を入れる。

HOW TO EMBROIDER

刺繍の仕方

● 図案を写す

1. 図案の上にトレーシングペーパーをのせ、マスキングテープで固定して、シャープペンシルで図案を写す。

2. 布の上に手芸用複写紙をのせ、その上に図案を写したトレーシングペーパーと、セロファンをのせ、まち針でとめる。

3. トレーサー（またはインクの出ないボールペン）で、上から図案をなぞる。

4. 図案が中心にくるように、刺繍枠に③の布をはめる。

● 刺繍糸を分ける

1. 25番刺繍糸は6本どりになっているので、表記の本数に調整する必要がある。刺繍糸を半分に折りたたみ、針で1本ずつ引き抜く。

2. 2本どりの場合、2本引き抜いて、合わせる。

● 針に糸を通す

1. 刺繍糸の糸端を折りたたみ、輪の部分に針の頭を入れて引っぱる。指で挟んで折り目をつける。

2. 針を折り目から外し、針穴に折りたたんだまま糸を通す。片方の糸を引き抜く。

● 刺し始めと刺し終わり

（表）

1. 刺繍糸は玉結びをせずに、図案の外側から針を入れる。糸端は4cm残して糸を引き、図案を刺す。

（裏）

2. 図案を刺し終えたら裏返して、刺繍した部分に針を通して数回往復させる。

（裏）

3. ハサミでカットする。刺し始めの糸も裏側に出し、②と同様にする。

（裏）

4. 同じ図案で2色目を刺す場合は、布の裏側の1色目の刺繍した部分に針を通して数回往復させて、刺し始める。

● 仕上げる

（表）

1. 綿棒に水をつけて、図案の線を消す。

（裏）

2. 布を裏返して、霧吹きで全体に水を吹きかける。

3. 布を裏返したままタオルの上にのせ、上にあて布をのせて、アイロンをあてる。

DESIGN & SEWING

図案と仕立て方

- Sは『ステッチ』の略
- （　）内の数字は刺繍糸の本数
- 数字はDMC25番刺繍糸の色番号
- 指定のないフレンチノットSは2回巻き

FLOWER WREATH
お花のリース／実物大図案

p.08

- Sは『ステッチ』の略
- （ ）内の数字は刺繍糸の本数
- 数字はDMC25番刺繍糸の色番号
- 指定のないフレンチノットSは2回巻き

★★＝642(1)＋841(1)

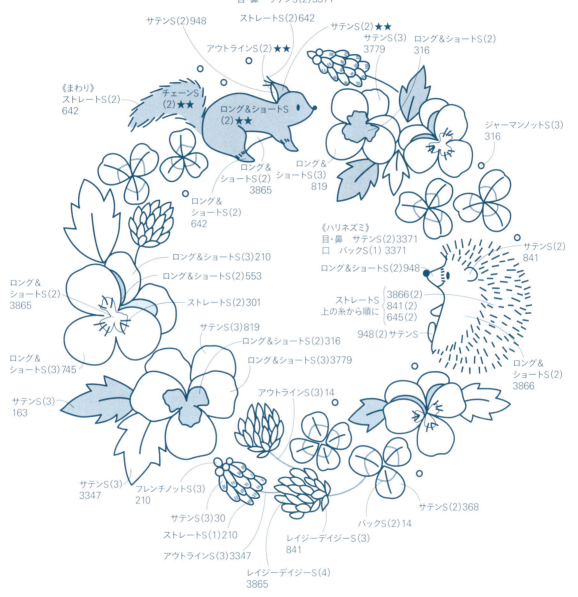

KITCHEN
キッチン／実物大図案
p.10

- Sは『ステッチ』の略
- （ ）内の数字は刺繍糸の本数
- 数字はDMC25番刺繍糸の色番号
- 指定のないフレンチノットSは2回巻き

- Sは『ステッチ』の略
- （ ）内の数字は刺繍糸の本数
- 数字はDMC25番刺繍糸の色番号
- 指定のないフレンチノットSは2回巻き

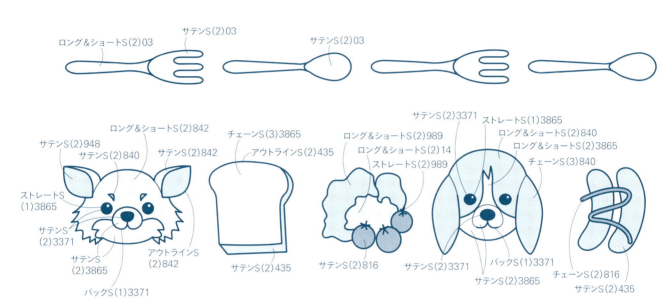

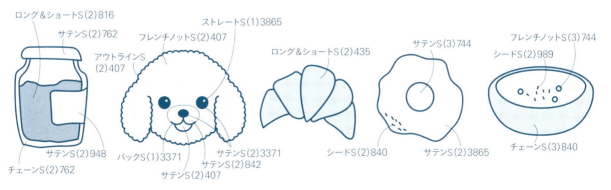

COFFEE

コーヒー／実物大図案

p.13

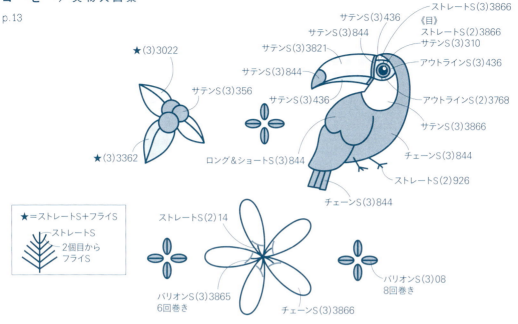

SEWING ARRANGEMENT

仕立てアレンジ

ファブリックパネル

p.17、34

[材料]
リネン布…（パネルの横幅＋10cm）×（パネルの縦幅＋10cm）
ベニヤパネル…（p.17）：18×14cm、（p.34）：25.7×18.2cm
25番刺繍糸

[できあがり寸法] （p.17）：18×14cm、
（p.34）：25.7×18.2cm

[刺繍図案] p.59、p.72

1. 布に、パネルを合わせる

図案が中心にくるように、布（裏）の上にパネル（裏）を置く

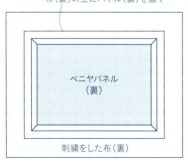

2. 仮止めをする

①上下の布を、パネルの裏側の縁に合うように折りたたむ
②がびょうで仮止めをする
刺繍をした布（裏）

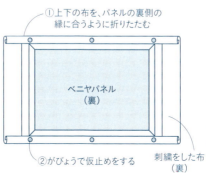

3. タッカーで固定する

①タッカーで固定する
中心から端に向かってとめていく。
がびょうをはずす
②左右の布も、がびょうで仮止めしてから、タッカーで固定する

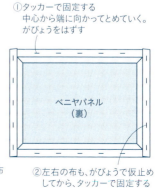

FASHION
ファッション／実物大図案
p.15

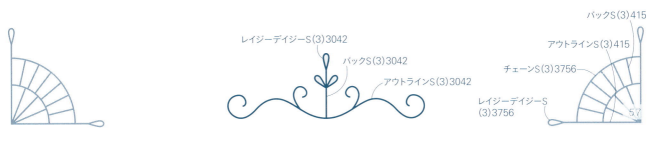

HANDICRAFT
手芸／実物大図案
p.16

- Sは『ステッチ』の略
- （ ）内の数字は刺繍糸の本数
- 数字はDMC25番刺繍糸の色番号
- 指定のないフレンチノットSは2回巻き

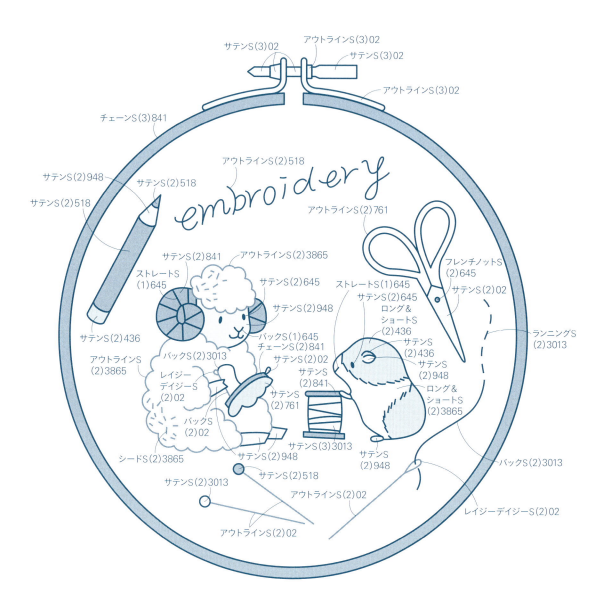

RELAXATION TIME
くつろぎ時間／実物大図案
p.17

- Sは『ステッチ』の略
- （ ）内の数字は刺繍糸の本数
- 数字はDMC25番刺繍糸の色番号
- 指定のないフレンチノットSは2回巻き

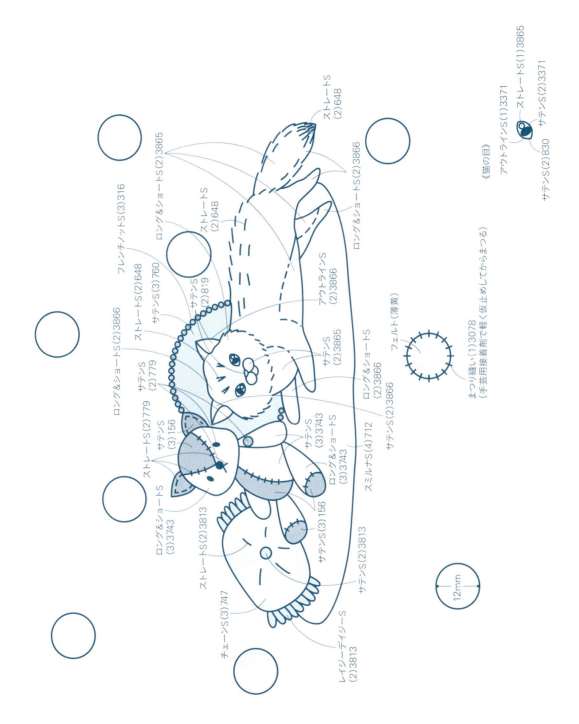

FLOWER AND BIRD PATTERN
花と鳥の模様／実物大図案
p.18

- Sは『ステッチ』の略
- （ ）内の数字は刺繡糸の本数
- 数字はDMC25番刺繡糸の色番号
- 指定のないフレンチノットSは2回巻き

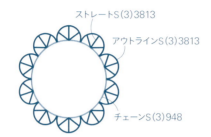

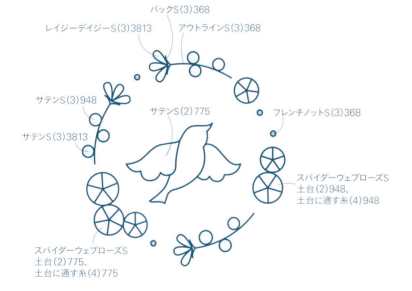

SPRING DAY
ある春の日／実物大図案
p.20

- Sは『ステッチ』の略
- （　）内の数字は刺繍糸の本数
- 数字はDMC25番刺繍糸の色番号
- 指定のないフレンチノットSは2回巻き

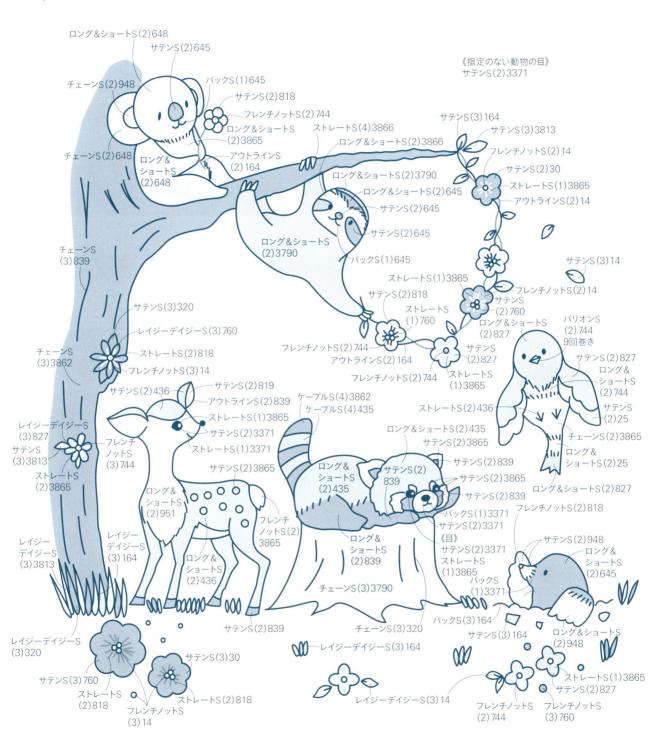

IN THE SEa

海の中／実物大図案

p.22

・Sは『ステッチ』の略
・（　）内の数字は刺繍糸の本数
・数字はDMC25番刺繍糸の色番号

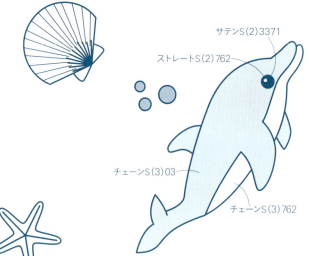

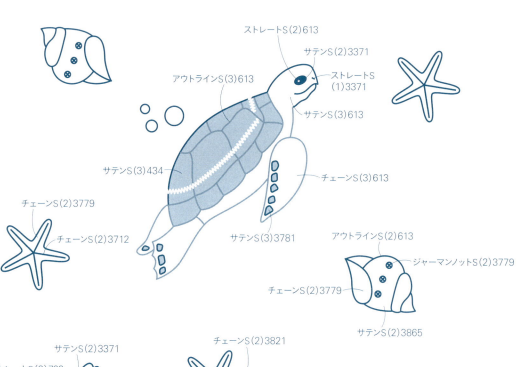
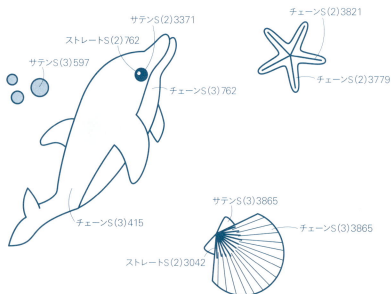

MARINE STYLE
マリンスタイル／実物大図案
p.23

- Sは『ステッチ』の略
- （　）内の数字は刺繡糸の本数
- 数字はDMC25番刺繡糸の色番号

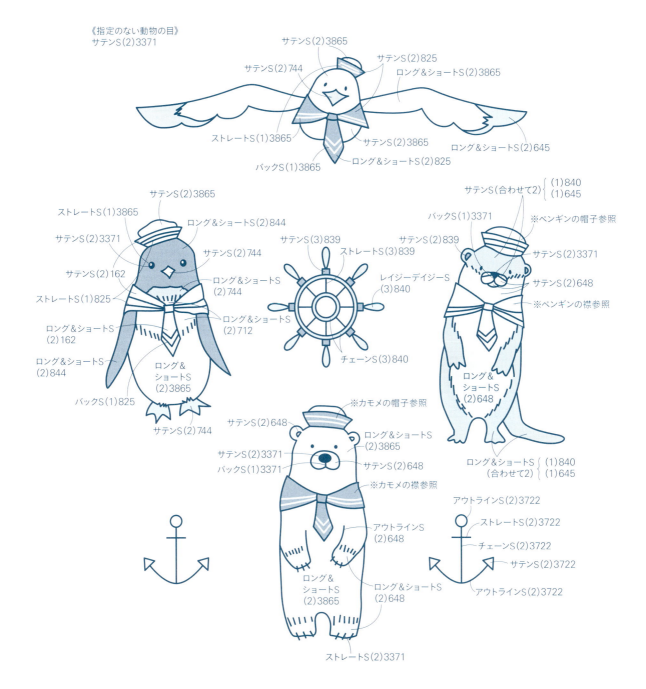

SUNFLOWER

ヒマワリ／実物大図案

p.24

- Sは『ステッチ』の略
- （ ）内の数字は刺繍糸の本数
- 数字はDMC25番刺繍糸の色番号
- 指定のないフレンチノットSは2回巻き

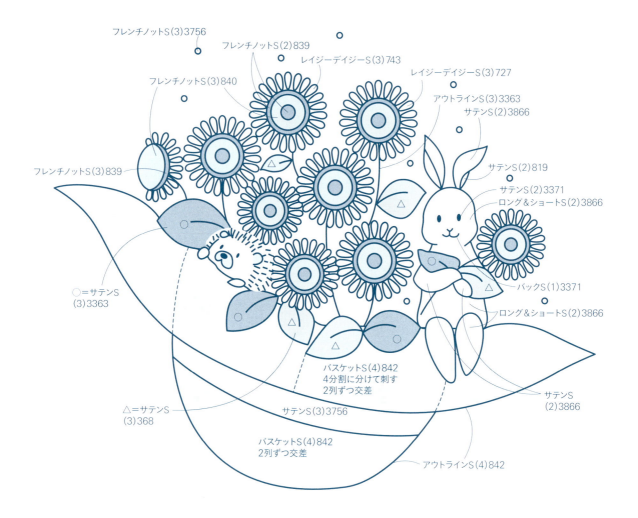

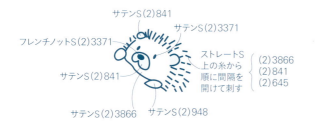

CIRCUS

サーカス／実物大図案

p.26

- Sは『ステッチ』の略
- （　）内の数字は刺繍糸の本数
- 数字はDMC25番刺繍糸の色番号

AUTUMNAL TINTS

秋色／実物大図案
p.27

- Sは『ステッチ』の略
- （ ）内の数字は刺繍糸の本数
- 数字はDMC25番刺繍糸の色番号

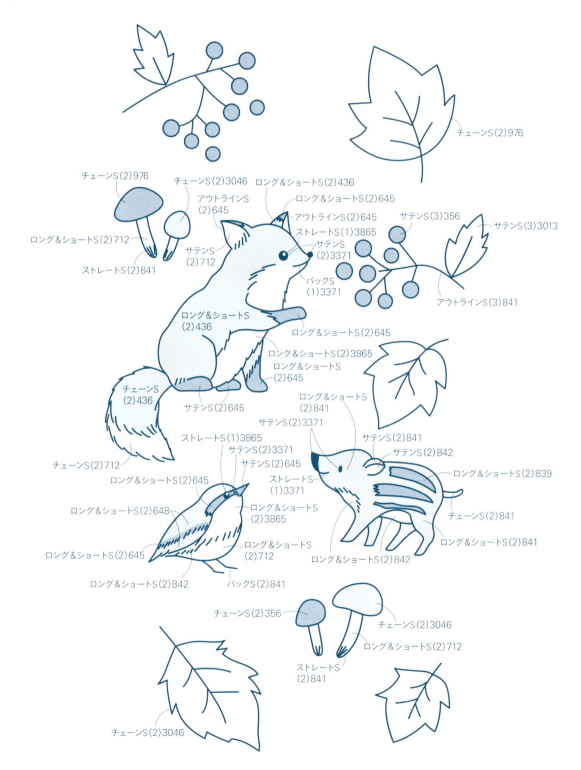

HELLOWEEN
ハロウィン／実物大図案
p.28

- Sは『ステッチ』の略
- （ ）内の数字は刺繍糸の本数
- 数字はDMC25番刺繍糸の色番号
- 指定のないフレンチノットSは2回巻き

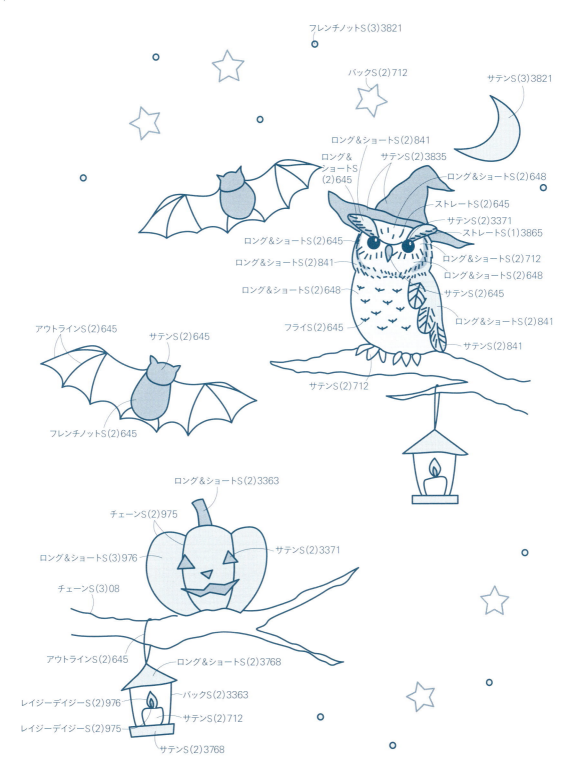

CHRISTMAS
クリスマス／実物大図案
p.29

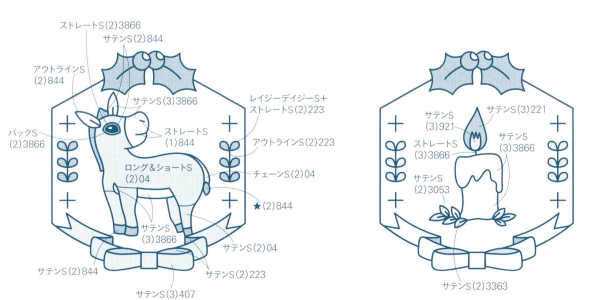

SNOW DAY

雪の日／実物大図案

p.30

《リスの顔》

ストレートS(1)3865 ── サテンS(2)839
サテンS(2)3371 ── サテンS(2)841
サテンS(2)3865
サテンS(2)839
サテンS(2)3371 ── サテンS(2)841
バックS(1)3371 ── ロング＆ショートS
(2)3865

レイジーデイジーS(2)762
フレンチノットS(2)762
バックS(2)762 ── ストレートS(2)762

フレンチノットS(2)3756
ストレートS(2)3756

バックS(2)762
レイジーデイジーS(2)762

フレンチノットS(2)3756
バックS(2)3756

レイジーデイジーS(2)762
バックS(2)762

サテンS(2)3865
チェーンS(3)598
サテンS(3)746
サテンS(2)841
サテンS(2)301
チェーンS(2)839
フレンチノットS(2)152
チェーンS(2)152
アウトラインS(2)839
サテンS(2)152
チェーンS(2)841

サテンS(2)3865
チェーンS(2)3858
サテンS(2)3858
サテンS(2)301
サテンS(2)3858
チェーンS(3)597
アウトラインS(2)301
フレンチノットS(2)839
サテンS(2)762
ロング＆ショートS(2)841
ロング＆ショートS(2)3865
アウトラインS(2)839
アウトラインS(2)841
ロング＆ショートS(2)839

ジャーマンノットS(4)746
ストレートS(2)839
フライS(2)839
ロング＆ショートS(2)762
サテンS(2)839
サテンS(2)3865
ロング＆ショートS(2)3865

サテンS(2)3865
サテンS(2)3866
サテンS(2)3865
サテンS(2)3813
バックS(2)14
フレンチノットS(2)989
フレンチノットS(2)14
ストレートS(2)14
サテンS(2)989
アウトラインS(3)07
レイジーデイジーS(2)3363
サテンS(2)3865

69

aMERICaN CaR

アメリカ車／実物大図案

p.32

- Sは『ステッチ』の略
- （　）内の数字は刺繍糸の本数
- 数字はDMC25番刺繍糸の色番号

AMERICANIZE
アメリカナイズ／実物大図案
p.33

- Sは『ステッチ』の略
- （ ）内の数字は刺繍糸の本数
- 数字はDMC25番刺繍糸の色番号

SOLDIER MARCH
兵隊の行進／実物大図案
p.34

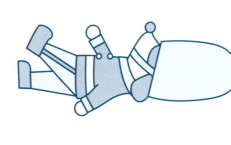
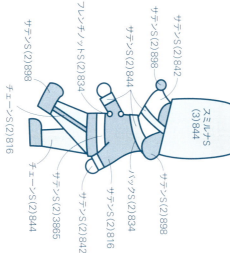
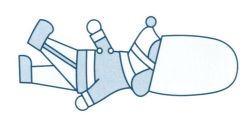
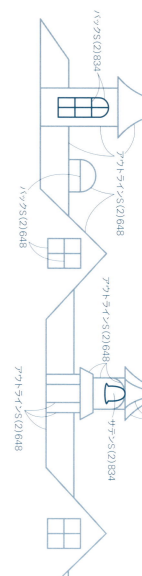

LONDON CHECK

ロンドンチェック／実物大図案

p.35

- Sは『ステッチ』の略
- （　）内の数字は刺繍糸の本数
- 数字はDMC25番刺繍糸の色番号
- 指定のないフレンチノットSは2回巻き

FRANCE PATTERN

フランス模様／実物大図案

p.36

- Sは『ステッチ』の略
- （ ）内の数字は刺繍糸の本数
- 数字はDMC25番刺繍糸の色番号
- 指定のないフレンチノットSは2回巻き

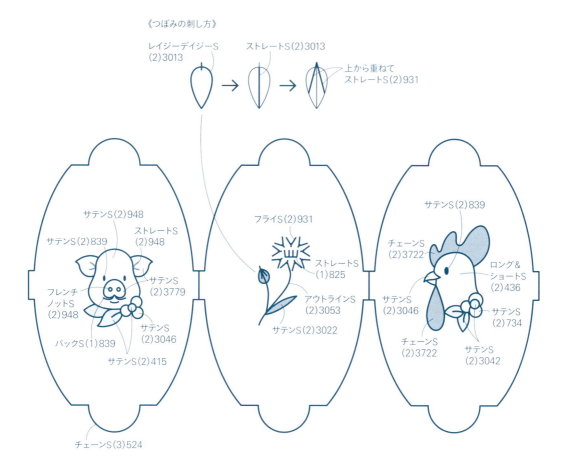

SWISS ALPS
スイスアルプス／実物大図案
p.37

- Sは『ステッチ』の略
- (　)内の数字は刺繍糸の本数
- 数字はDMC25番刺繍糸の色番号
- 指定のないフレンチノットSは2回巻き

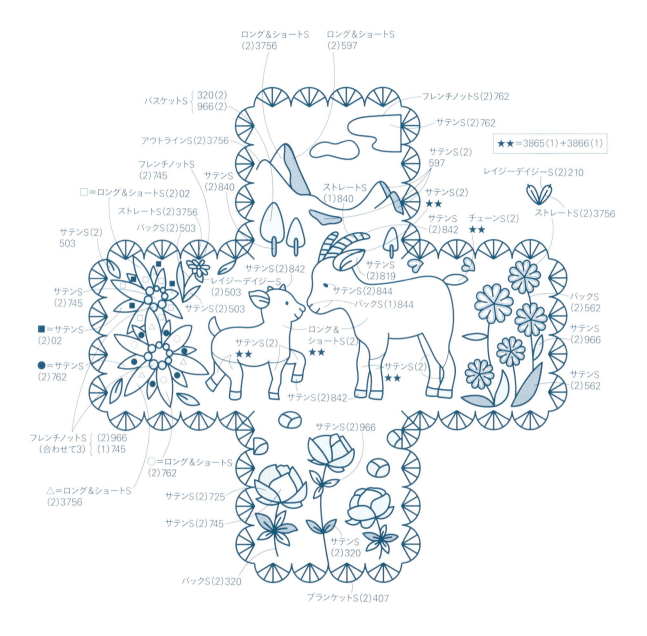

SEWING ARRANGEMENT

仕立てアレンジ01

お花の巾着バッグ

p.09

[材料]
<表布・中袋用布・持ち手用布>
リネン布（JAPANリネン/オフホワイト）…80cm幅×80cm
<その他>
サテンリボン（2.4cm幅、淡パープル）…180cm
25番刺繍糸

[できあがり寸法] 幅24×高さ31.5cm（持ち手含まず）

[刺繍図案] p.52

● 製　図　※単位は cm

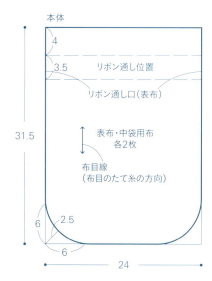

● 裁ち方図

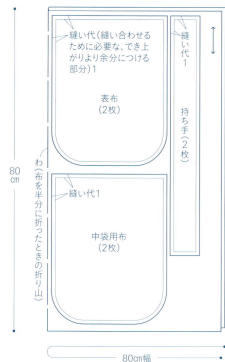

※布に裁ち方図を写し、刺繍をしてから裁つ

● 作り方

1. 表布に刺繍をし、裁つ

2. 表布を縫う

3. 中袋用布を縫う

4. 持ち手を作る

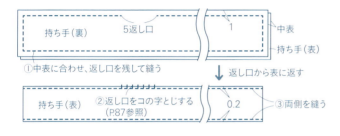

5. 持ち手を裏布に縫い止める

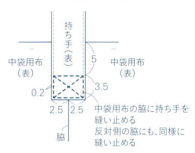

6. 表布と中袋用布の口を縫い合わせる

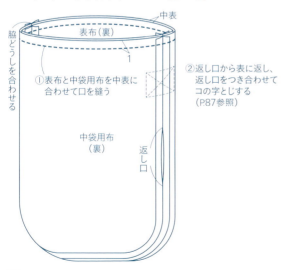

7. リボン通し口を縫い、リボンを通す

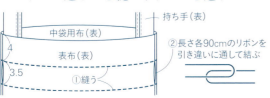

●でき上がり図

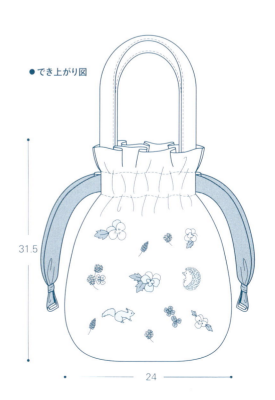

SEWING ARRANGEMENT

仕立てアレンジ02

ランチマット

p.12

[材料]（1枚分）
リネン布（カラーリネン/インディゴネイビー・カーキ）…
50cm幅×40cm
25番刺繍糸

[できあがり寸法] 40×30cm

[刺繍図案] p.53

● 裁ち方図　※単位はcm

● 作り方

1. 布に刺繍をし、裁つ

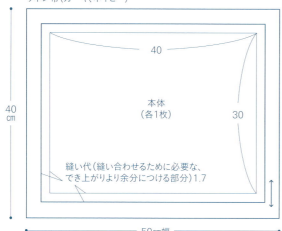

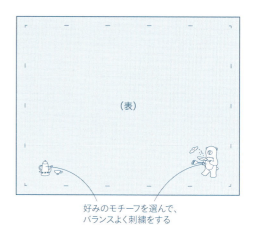

好みのモチーフを選んで、
バランスよく刺繍をする

※布に裁ち方図を写し、刺繍をしてから裁つ

2. まわりの縫い代を折る

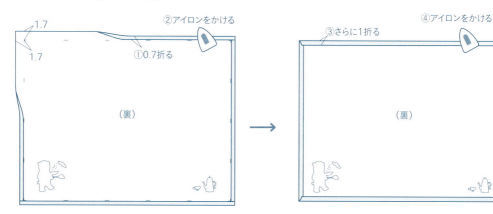

3. 角の始末をして、まわりを縫う

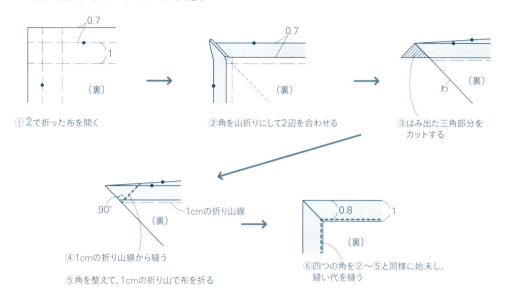

①2で折った布を開く

②角を山折りにして2辺を合わせる

③はみ出た三角部分をカットする

④1cmの折り山線から縫う

⑤角を整えて、1cmの折り山で布を折る

⑥四つの角を②〜⑤と同様に始末し、縫い代を縫う

● でき上がり図

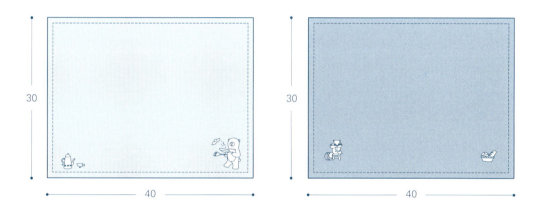

SEWING ARRANGEMENT

仕立てアレンジ03

星のがま口

p.21

[材料]（1個分）
<表布（A・B・D）>
リネン布（JAPANリネン／生成り）…50cm幅×20cm
<中袋用布（C）>
リネン布（JAPANリネン／オフホワイト）…20cm幅×10cm
<その他>
厚紙…8×5cm
口金（丸型、ゴールド、6.9cm幅）…1個
紙ひも…19cm
25番刺繍糸

[できあがり寸法] 幅9.5×高さ10.5cm

[刺繍図案] p.61

[実物大型紙] p.83

● 裁ち方図　※単位は cm

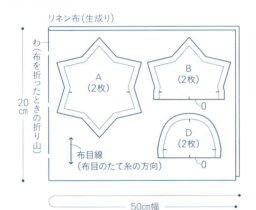

※指定以外の縫い代（縫い合わせるために必要な、でき上がりより余分につける部分）はすべて1cm
※布に裁ち方図を写し、刺繍をしてから裁つ
※あき止まりの線も写す

● 作り方

1. Aに刺繍し、裁つ

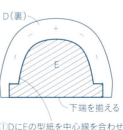

好みのモチーフを選んで、バランスよく刺繍する

2. BとDを縫い合わせる

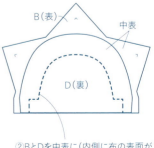

①DにEの型紙を中心線を合わせてあて、ラインを引く

②BとDを中表に（内側に布の表面がくるように）合わせ、①のライン上を縫う
もう1枚も、同様にする

80

3. Cを縫い合わせる

4. CとDを縫い合わせる

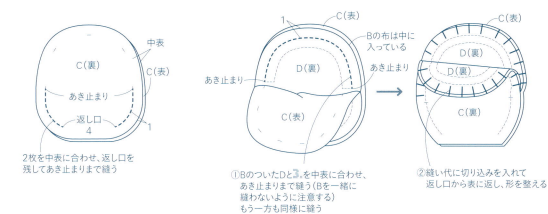

5. Aを縫い合わせる

6. C・Dに口金をつける

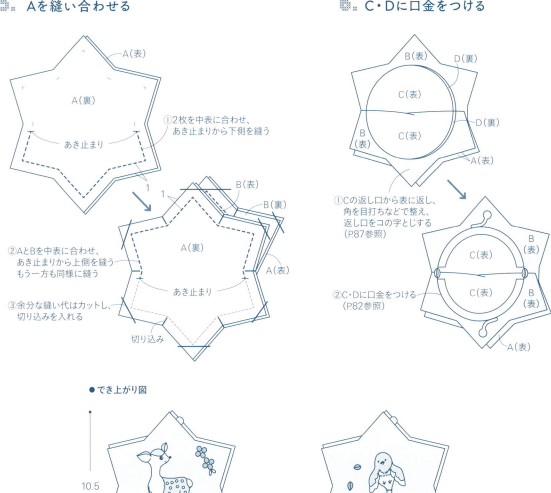

● でき上がり図

●口金のつけ方

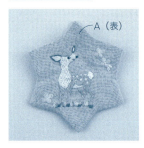
① p80〜81を参照して刺繍をし、仕立てる。

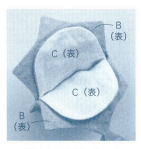
② 開くとこの様になっている(p81の①が終わった状態)。

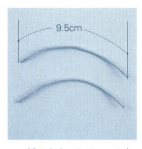
③ 紙ひもを、9.5cmに2本カットする。それぞれ中心に印をつけておく。

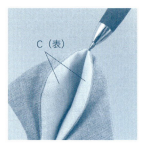
④ Cの袋口の中心に、シャープペンシルで印をつける。反対側も同様にする。

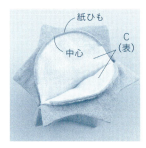
⑤ 紙ひもと袋口の中心を合わせて、接着剤で紙ひもをつける。上から糸でまつって固定する。

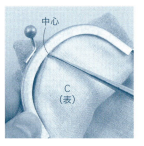
⑥ 中心どうしを合わせて、⑤を口金に一度はめて、左右のバランスや形を確認する。

⑦ ⑤を一度外して、口金の内側につまようじで接着剤を塗る。

⑧ ⑥で調整したとおりに、目打ちで⑤を口金にはめる。

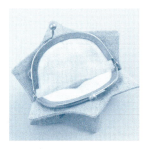
⑨ 両側ともはめたところ。

⑩ あて布をして、ペンチで口金の端をおさえる。

⑪ おさえたところ。少し平べったくなる。4か所、すべておさえる。

82

●実物大型紙

※縫い代(縫い合わせるために必要な、でき上がりより余分につける部分)なし
裁ち図を参照し、縫い代をつけて裁つ

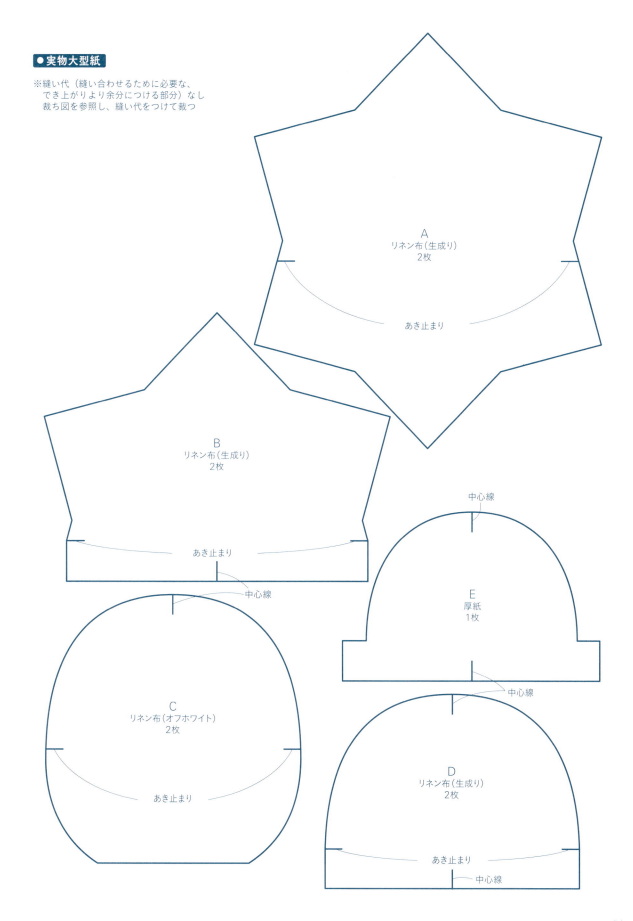

SEWING ARRANGEMENT

仕立てアレンジ04

夏のブローチ

p.25

[材料] ※1個分
<表布>
リネン布（JAPANリネン/オフホワイト）…15×15cm
<裏布>
フェルト（ベージュ）…10×10cm
<その他>
接着芯…10×10cm
ブローチ金具…ブローチピン（ゴールド、25mm）1個
25番刺繍糸

[できあがり寸法] カワウソ：5.5×3.5cm、
　　　　　　　　うさぎ：6.5×3.5cm

[刺繍図案] p.63、p.64

① 布に図案を写して、刺繍をする。

② 刺繍部分から0.5cm残して、ハサミで布をカットする。

③ 布の部分に、0.5cm間隔でハサミで切り込みを入れる。

④ 切り込みを入れたところ。足先と耳先は、刺繍の際まで切り込みを入れる。

⑤ 接着芯に、図案の輪郭を写す。

⑥ 写したところ。

⑦ ハサミで、図案のサイズにカットする。

⑧ ④を裏返してタオルの上にのせ、⑦の接着面を下にして、④の刺繍部分に合うようにのせる。

⑨ 上にあて布をのせて、アイロンをかける。

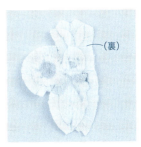
⑩ 接着芯が、布についたところ。

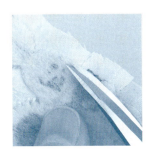
⑪ 刺繍からはみ出ている接着芯を、ハサミでカットする。

⑫ 切り込みを入れた部分に接着剤をつけて、接着芯をくるむように貼る。

⑬ すべて貼ったところ。

⑭ フェルトに⑬をまち針でとめ、輪郭に沿ってハサミでフェルトをカットする。

⑮ カットしたところ。

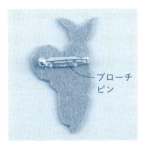
⑯ ブローチピンの裏に接着剤をつけて、⑮のフェルトに貼る。ブローチピンの2つの穴に、それぞれ糸を通して縫い止める。

⑰ ⑬に接着剤をつけて、⑯の表に貼る。

⑱ はみ出たフェルトを、ハサミでカットする。

⑲ でき上がり。

SEWING ARRANGEMENT

仕立てアレンジ05

ヤギとお花の巾着
p.38

[材料]
<表布>
リネン布（薄布カラーリネン/ブルーミスト）…25cm幅×40cm
<中袋用布>
リネン布（JAPANリネン/オフホワイト）…25cm幅×40cm
<その他>
ワックスコード（ベージュ、直径0.2cm）100cm
25番刺繍糸

[できあがり寸法] 幅18.5×高さ15×マチ6cm

[刺繍図案] p.75

● 製 図　※単位はcm

● 裁ち方図

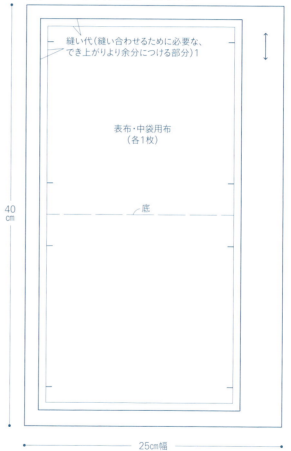

※布に裁ち方図を写し、刺繍をしてから裁つ

1. 表布に刺繍し、裁つ

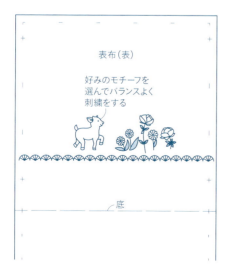

2. 表布を縫う

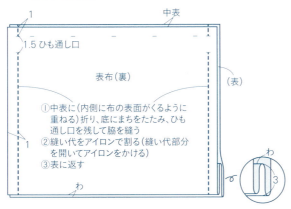

3. 中袋用布を縫う

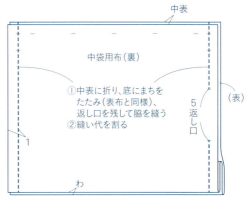

4. 表布と中袋用布の口を縫い合わせる

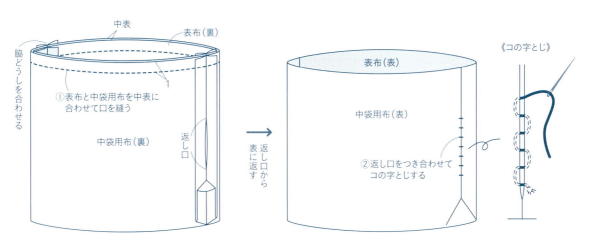

5. 表に返して上部を縫い、ひもを通す

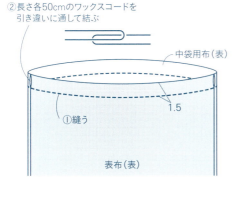

● でき上がり図

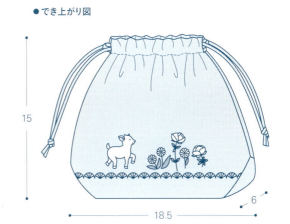

PROFILE

Chicchi
松本千慧・美慧

刺繍作家。双子の姉妹で、2014年よりネットで刺繍作品の販売を開始。動物たちの生活を想像し、物語が感じられるような世界観を刺繍で表現している。著書に、「ほっこりかわいいどうぶつ刺しゅうでつくるハンドメイドアクセサリー」（ソーテック社）がある。通信レッスン「テナライ」（日本ヴォーグ社）でも人気を博す。

https://www.chicchi-no-embroidery.com/

STAFF

Designer　　　　　吉村 亮、大橋千恵、石井志歩（Yoshi-des.）
Photographer　　　白井 由香里
Stylist　　　　　　前田 かおり
Assistant editor　　八文字 則子、吉田 晶子、高澤 敦子
Editor　　　　　　山中 千穂

SPONSOR　素材提供

fabric bird
https://www.rakuten.ne.jp/gold/fabricbird/

ディー・エム・シー株式会社
https://www.dmc.com

FILMING COOPERATION　撮影協力

awabees

物語のある動物の刺繍

発行日　2019年9月26日

著者　　Chicchi
発行人　瀬戸信昭
編集人　今ひろ子
発行所　株式会社日本ヴォーグ社
　　　　〒164-8705
　　　　東京都中野区弥生町5丁目6番11号
　　　　TEL 03-3383-0644（編集）
　　　　　　03-3383-0628（販売）
　　　　振替／00170-4-9877
　　　　出版受注センター
　　　　TEL 03-3383-0650　FAX 03-3383-0680
印刷所　大日本印刷株式会社

Printed in Japan　©Chicchi 2019
NV70530
ISBN978-4-529-05900-8　C5077

・本誌に掲載する著作物の複写に関わる複製、上映、譲渡、公衆送信（送信可能化を含む）の各権利は株式会社日本ヴォーグ社が管理の委託を受けています。
・JCOPY <（社）出版者著作権管理機構　委託出版物>
・本書の無断複写は著作権法上での例外を除き禁じられています。複写される場合は、そのつど事前に、（社）出版者著作権管理機構（Tel.03-5244-5088、Fax.03-5244-5089、E-mail: info@jcopy.or.jp）の許諾を得てください。
・万一、落丁本、乱丁本がありましたら、お取り替えいたします。お買い求めの書店か、小社販売部へご連絡ください。

日本ヴォーグ社関連情報はこちら
（出版、通信販売、通信講座、スクール・レッスン）

https://www.tezukuritown.com/

手づくりタウン　検索

あなたに感謝しております
We are grateful.

手づくりの大好きなあなたが、
この本をお選びくださいましてありがとうございます。
内容はいかがでしたでしょうか？
本書が少しでもお役に立てば、こんなにうれしいことはありません。
日本ヴォーグ社では、手づくりを愛する方とのおつき合いを大切にし、
ご要望におこたえする商品、サービスの実現を常に目標としています。
小社及び出版物について、何かお気づきの点やご意見がございましたら、
何なりとお申し出ください。そういうあなたに、私共は常に感謝しております。

株式会社日本ヴォーグ社　社長　瀬戸信昭
FAX 03-3383-0602